DV被害の回復にむけて

～精神科医からのメッセージ～

野末浩之

萌文社

はじめに

　私が、いわゆるDV（ドメスティックバイオレンス・第Ⅰ章参照）被害者の相談業務に携わるようになって10年が経ちます。私は、DVの被害に遭って保護された施設の中で、DV被害者の方に面接をおこなっています。面接の性質を一言で言いますと「心理教育」です。

　心理教育とは病気や障害、そのほかの問題を抱えて、知識もなく、相談もできず、途方にくれているご本人、ご家族に必要な知識や情報を知ってもらう機会を広げ、どう問題に対処するかを協働して考えることで、ご本人やご家族が自分たちの問題に取り組みやすくなり、何とかやっていけるという気持ちを回復する、そういうことを目指している支援法のひとつ、とされています（心理教育・家族教室ネットワークHPより）。

　DVの本質のひとつは、加害者による被害者へのマインドコントロール、洗脳と言っても過言ではありません。そこで、被害者の方が受けてきたDV被害というのはどういうもので、加害者がどうやってマインドコントロールをしてくるか、そこから回復するにはどうしたらいいか、というこ

とを1時間足らずの時間でお伝えしています。

　様々な状況でDVを受けてきた方といろいろな話をするのですが、その中で、私自身気がついたことがたくさんありました。本文で述べますが、DVの被害者にも加害者にも共通したいくつかの傾向があります。そして、DV被害から逃れて保護施設に入っただけではまだ問題は解決せずに、多くの方がとても苦しんでおられるということがわかりました。その方々に「心理教育」をおこなっています。そして多くの方が回復しておられます。

　中には、継続して精神科に通院を始める方もおられます。診断名としてはPTSD（心的外傷後ストレス障害・第Ⅲ章参照）で通院する方が多いようです。もともとこころの病気（うつ病、統合失調症、自閉症スペクトラム障害など）を持っていたという方もおられ、その治療で通院する方もおられます。ですから、1回だけの面接で終わる方もいれば、精神科に継続して通う方もおられます。

　この冊子に記した「心理教育」の部分が、私が直接会えない全国の女性相談員の方、またはDV被害者の方に届き、少しでも被害者の回復に役立つことを期待しています。

もくじ

はじめに　　　　　　　　　　　　　　　　　　　　　3

第Ⅰ章　DVとは？　〜それ、全部DVです！〜　　　7
第Ⅱ章　DV加害者の特徴　　　　　　　　　　　　11
第Ⅲ章　DV被害者の特徴　　　　　　　　　　　　27
第Ⅳ章　DV被害者のための「心理教育」　　　　　33
第Ⅴ章　回復への道　　　　　　　　　　　　　　39

DV相談ナビ　　　　　　　　　　　　　　　　　　59
あとがき　　　　　　　　　　　　　　　　　　　61

第Ⅰ章

DVとは？
~それ、全部DVです！~

▚ DVとは？ ▚

　まず、DVとはどういうものなのか、ということを説明します。DVの「D」はドメスティック（家庭内という意味）であるということです。限定された家庭内で起こる暴力、家庭内暴力と訳されることもあります。通常ですと、公衆の面前で暴力を振るったらあっという間に警察が呼ばれてその人は逮捕されてしまいます。見ず知らずの人におこなっても被害者はすぐに通報することでしょう。

　ところが親密な関係にある者同士、多くは配偶者に対して振るわれる暴力は、密室の中でおこなわれるのです。まずは被害者の方から、その密室でどんなことが起きているかということの聴き取りをしなければいけません。

　DVというコトバは現在だいぶ認知されてきています。直接的な暴力、外的な暴力、身体的な被害に加えて精神的な暴力も、DVに含まれます。これをモラルハラスメントと言うこともあります。経済的な暴力もDVの一種です。お金を渡さない、あるいは女性が稼いだお金を全部搾取してしまうなどがこれに当たります。性的な暴力も身体暴力の一つです。たとえば望まない妊娠をさせられることも当然暴力です。避妊をしてほしいのにしないこと、結局妊娠した場合に中絶を強要することも明

暴力の代表的な形態

身体的暴力	殴る／蹴る／首を絞める／髪を持って引きずり回す／包丁で切りつける／階段から突き落とす／タバコの火を押し付ける／熱湯をかける　など
心理(精神)的暴力	暴言を吐く／脅かす／無視する／浮気・不貞を疑う／家から閉め出す／大事にしているものを壊す／子どもに危害を加えると脅す　など
経済的暴力	生活費を渡さない／女性が働き収入を得ることを妨げる／借金を重ねる　など
性的暴力	性行為を強要する／ポルノを見せたり、道具のように扱う／避妊に協力しない　など
社会的隔離	外出や親族・友人との付き合いを制限する／メールを見たり、電話をかけさせないなど交友関係を厳しく監視する　など
その他	「おまえは家事だけやっていればいいんだ」「この家の主は俺だ」等と男性の特権を振りかざす／暴力をふるう原因が女性にあると責任を転嫁する　など

らかに DV です。あるいは何人もの子どもを毎年のように年子で出産する方がおられます。女性が望んでの妊娠、出産であれば問題ないのですが、望まない分娩を続けて身体がぼろぼろになってしまうということもあるわけです。そういった性的な暴力も含めて、「それは全部 DV です」という話をします。

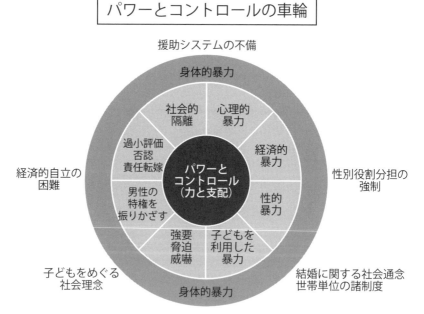

（出典）この図はミネソタ州ドゥルース市のドメスティック・バイオレンス介入プロジェクト作成の図を引用した「夫（恋人）からの暴力」調査研究会著『ドメスティック・バイオレンス（新版）』17頁に掲載されている図を著者の許可権を得て加筆作成したものです。

第Ⅱ章

DV加害者の特徴

▦ 独特の嗅覚を持つ加害者 ▦

　当然ですが多くの場合、加害者は出会ってご本人と親密な関係になるまでは明らかに善人の仮面を被っています。そして大変頼もしい存在、頼りになる存在として被害者の前に現れてくることが多いのです。

　あくまでも私見ですが、DVの加害者というのは被害者（つまり犠牲者です）、犠牲になりそうな人を見分ける独特の嗅覚を持っているのではないかと思われます。この人間だったら自分がDVに及んでもそうそうすぐに反撃してこない、逃げ出さない、マインドコントロールできる、ということを何か直感的に見抜く力が彼らにはあるのではないかという気が、私はします。

　現在は、DVの加害者が自ら治療を求めて精神科医のところへ来ることはほとんどありませんので、加害者をしっかりと長期間観察することはできません。彼らは精神科医の前には姿を

現さないので推測になりますが、そうとしか思えないのです。
　具体的にはかなりの確率で、被害者が精神的に落ち込んでいる時に加害者が現れます。被害者が職場で、あるいは家庭で、あるいは様々な状況で精神的にくたびれている、ちょっと弱気になっている時が危険です。加害者はそういう状況の女性を見抜いて「今だ！」とばかりにその女性の前にやってくることが多いのです。
　最初は非常に巧妙に話を聞いて、助言をしてくれて、優しく接してきます。ただ、あとから考えれば最初の時からDVに至るのではないかと疑われることがあります。何の根拠もないのに「俺にまかせておけば安心だ」というようなことを言うのです。つまりいろいろなことをひっくるめて、「俺さえそばにいれば、俺と一緒にいれば何も問題ないさ」という解決の仕方を提案します。その時点で、もうすでに加害者は被害者の自己決定権を奪おうとしているのです。
　被害者になる女性に対して、「あなたには解決する力があるから、あなたにはきっとできるよ」というような励まし方はしません。心が弱っている時に近づいてくる加害男性というのは「君はもう考えなくていいよ。俺の言うことだけ聞いていれば全部うまくいくさ」という考え方をする特徴があります。

しかし、心が弱っていなければ、「え、なに言ってるの」と被害者も思うわけです。「私には解決する力があるし、あなたにまかせていたらかえって危ないし」と思うのですが、やっぱり心身ともに疲れ果てていると、おそらく「あ、この人なら私を助けてくれるかもしれない」という、一種の救世主的な存在に見えてしまうのではないでしょうか。

　それはある意味仕方がないことでしょう。自分が心身ともに疲れている時に、「まかせておけば全部うまくいくさ」というような形で目の前に現れた人を信じてみようと思うことは、決して悪いことではありません。

　被害者の方は１００％、その相手と幸せになろうと思って交際しますし、すべての方は二人でいい関係を築きたいと思って一緒に暮らしたり結婚したりします。被害者のうち誰一人としてDVを受けたくてその人と一緒になった方はいません。ですから必死に努力するのです。この人とうまくやっていきたい、なるべくなら相手の望みに応じてあげたいと思うのです。

　それ自体は非常に素晴らしいことですが、実は相手は最初からそう思ってはいません。対等なパートナー関係ではなくて、一方的な服従と支配というものを持ち込みたくて仕方がないのです。加害者が意識するかどうかは個人差があります。そのこ

とを意識的にやっている人間もいれば無意識的にやっている人間もいるでしょう。DV加害者にはおなじようなことを繰り返している人間が結構います。

　私は「パートナーはあなたとの結婚あるいは交際は初めてでしたか？」と伺うようにしています。「初めてです」という方ばかりでなく「離婚歴があります」という方もおられます。その離婚については、加害者は必ず自分の都合のいいように話をすることが多いですが、「でもよくよく考えると、前の奥さんは彼のDVに嫌気がさして出て行ってしまったんじゃないかと今になって思います」ということを言う被害者の方もおられます。加害者は一方的に自分は悪くない、向こう（前妻）が勝手なことをして勝手に出て行ったんだ、というような言い訳をして、まったく反省がないということも特徴的です。

加害者は密室を作る

　さて、交際が始まってしばらくすると、徐々に関係が親密になってきます。身体の関係を持ったり、経済的にも一緒のお財布にしたり、いろいろな段階を経てゆきます。二人の関係が親密になってプライベートな二人だけの空間が形成されるようになってくると、そこで「囲い込み」が始まるのです。DVをす

る人間というのは必ず密室を作ります。第三者が入り込まない空間を作って、そこで用意周到にDVを始めます。

　まず最初に、ほとんどの被害者が受けている被害として携帯（スマホ）を見られるということがあります。被害者が個人でやっている携帯やメールを勝手に見るのです。ご本人の同意を得ずに相手のプライベートな通信を覗くことは、これ自体がもうDVです。そこで加害者がどうするかというと、たとえば異性とのメールを見たとしたら、「なんで俺がいるのに他の男とメールなんかするんだ、全部消せ！」ということから始まって、これは同性の友人にも強要します。「こんな子たちとつきあってるといいことはない」などと言うことが多いようです。

　この頃になると被害者に対する呼び方が、まず名前ではなくて「お前」という呼び方に変わってきます。相手を「お前」と呼ぶこと自体がDVのあらわれです。歌の文句などで「お前を愛してる…」というのとは全然違います。「お前は…」という言い方が、すでにケンカ腰ですね。異性に対して「お前」呼ばわりした段階で、もうそこからDVが始まっていると思ってもおかしくありません。それから何が起きるかというと、まず「お前」呼ばわりをしたうえで、「こんな人たちとつきあっていてはろくなことがない」と言って、極端な場合、携帯のアドレス

を全部消されてしまいます。こういう体験をもつ被害者はとても多いのです。こうした段階をたどって、被害者は気づいたらSOSが出せなくなってしまいます。

　さらに、加害者は友人を家に招くということに極端に抵抗します。二人だけの空間、暴力を振るう密室に第三者が頻繁に来られるようでは困るので、意図的に友人たちが来ると不機嫌な対応をしたり少し威嚇(いかく)するような感じを表すことが多いです。そうすると友人たちも嫌がって家に来なくなります。実際の血縁の家族、被害者の親たちに対してもそういう態度をとって、どんどんよそよそしくなってきます。そうやって、もうその部屋には誰も入り込めなくなります。携帯の友人関係の番号も全部消されてしまっているので、SOSも出せません。そういう状況をつくってから暴力が日常化してくるということが多いようです。

▧ 原因はすべて加害者にある ▧

　DVが始まるにはいろいろなきっかけがあります。たとえば加害者が仕事をクビになって失職したとか、むしゃくしゃするとか、あるいは妊娠をして加害者の求めに応じて性行為ができなくなったなど、いろいろな理由がありますが、それは全部加害者が原因となっていることです。仕事をクビになったのは、彼が職場で傲慢だったり怠慢だったりしたのかもしれません。

　性交渉について言えば、そもそも妊娠のいきさつが、加害者が避妊をしないというDVが原因なのです。仮に女性が望んで子どもが生まれる場合でも、男性が自分の気分次第で女性の身体を求めるということ自体が両性の合意に基づく性行為ではないわけですから、それもDVです。それができないからといって暴力を振るうということはあり得ない話です。

　きっかけはいろいろですが、結局すべてが加害者の身勝手な行動に基づいて起きたトラブルから暴力が始まってくる場合が多いです。そして経済的困難も大きなDVの引き金です。

　加害者の失職、被害者の妊娠などの変化は、たいていの場合経済的な困難をきたします。衝動的に行動することの多い加害者が預貯金を蓄えるなど先々の備えをしていることは稀です。ここでもまた新たなDVが生じます。被害者のなけなしの資産

を奪い、借金返済に充てるのです。被害者が親族に頭を下げて借金をしたり、自分の名義で借金を重ね、ついには自己破産に追い込まれたりすることも稀ではありません。これらに対して少しでも抗議しようものなら、激しいDVが始まるのです。こうして得たお金の使いみちですが、ほとんどは加害者の買い物、ギャンブルなどへの出費（遊興費）に消えています。実際はそれらを問いただすことも、DVを恐れる被害者にはほとんど困難になっています。

加害者によるマインドコントロール

　DVは、「はじめに」に述べたように加害者によるマインドコントロールが重要なポイントになっています。加害者が暴力を振るうために、まず一つは密室を作るということと、もう一つ、被害者の口を封じることをします。そして暴力を振るう前、あるいは暴力を振るっている最中、あるいはその直後でもいいのですが、加害者は被害者に「お前が悪い、お前のせいだ」ということを、とにかくずーっと（24時間通して）刷り込みます。

　DVがなぜすぐに問題化しないかというと、被害者が我慢するからです。そして密室でおこなわれているからです。一般的には、怪我をさせられたら証拠写真を撮って病院に行き、医師

の診断書を持って警察に行けばあっという間に事例化するわけですが、加害者がそれをさせないのです。そのためにマインドコントロールをします。

マインドコントロールを受けているすべての被害者の方が共通して口にするのは、「暴力を振るったあと、彼は決まって私を責めました。俺は暴力を振るいたくないのに、お前（ここで、また「お前」と言います）のこういうところが、こうでこうでこうだから俺はやむなくやったんだ」というような、「すべてお前が悪い」という言い訳を延々と続けます。そして嘘も百遍言われると、信じてしまうのです。それは戦前・戦中の日本人が、最後は神風が吹いて日本が勝つというふうに刷り込まれていたこととあまり変わりはありません。

どんな嘘の情報であっても、他の情報をシャットアウトされて嘘だけをずーっと朝から晩まで聞かされていたら、「ああ、私が悪いんだ」と思ってしまうのです。中には暴力を振るわれ

たあとで正座をずーっとさせられて、説教を長々と何時間も聞かされたという方もおられました。そうするともう、「わかったわかった、悪いのは私だから。もう早く寝かせて」といった気持ちになる、まさに心理的な、そして身体的な拷問です。そのようになってしまうので、結局酷い暴力を受けていても被害者は誰にもそのことを言いません。「悪いのは私なんだから。私があの人をこうしてしまっているんだから」という考え方になってしまいます。

▧ 被害者に落ち度はない ▧

　この関係というのは、ほとんどのDVに当てはまります。つまりそうして身近にいる、本来ならば一番愛し合ってお互いを尊重し合うはずのパートナーを奴隷のように上下関係をつけて、しかも基本的な人権すらも侵害した状態で囲い込むということが場合によったら数か月、数年にわたって続くのです。

　被害者である女性の側に落ち度はないのかと思われる方もおられるかもしれません。しかし、これは100％ないです。ありません。ここが一番の誤解です。保護された当初、「でも私にもいたらないところがある」と言う方もおられますが、私は「それは違いますよ」という話をお伝えします。完璧な人間な

どいません。二人で暮らしていたら間違いもあればお互いがお互いを助け合うこともあります。「落ち度」ということであれば、お互いに少しずつあるのです。ただ落ち度があったら暴力を振るっていいという考え方が、もうすでにボタンを掛け違っています。

そもそも暴力は犯罪そのものです。ですから、いたらないところがあったらお互いに話し合って直すなり解決するなりお互いが補い合うようにすればいいのであって、いたらないところがあるから殴っていいということはあり得ない話です。そういった関係性は病んでいます。

DVのサイクル

DVの加害者にはサイクルがあることも知られています。激しい暴力があるDVの時期、それが終わるとハネムーン期といって、非常に加害者が被害者を持ち上げるような時期、気味が悪いぐらいにベタベタしてくる時期があります。そして、「もうあんなこと絶対しないから。僕が悪かった」というようなことを言ってきます。でもそこで出てくるのが、「俺にはお前がいなけりゃだめなんだよ」という考え方です。そこでももう被害者を「お前」呼ばわりなのです。基本的な決めつけと被害者

の自由を奪うというスタンスは何にも変わらないのですが、ただやたらと優しくなります。物を買ったり、「何かうまいもん食いに行こう」と言ったりもします。

　あるいは非常に甘えてくる加害者もいます。弱さをいっぱい出してきます。そうすると、多くの女性が被害に遭っていながら「この男は私がいなければだめなんじゃないか」と思ってしまうのです。その時点ですでに対等なパートナー関係ではないわけです。加害者は暴力を振りかざして一方的に人権を制限してくるかと思えば、小さな赤ん坊のように甘えてきて、母性を求めてきます。ですから、女性は一人の大人の女性としてそのパートナーの前にいることはできません。DVを受けている時は被害者ですし人権も抑圧されて、ハネムーンの時には相手の機嫌がいい時にいいようにお母さん役を求められてしまいます。相手の機嫌によって立場がころころ変わってしまうのです。

　そのハネムーン期が過ぎるとだんだん本人のイライラが高まる時期というのが始まります。そうすると、いつまた暴力が始まるかな、始まるかな、始まるかな、と不安になって、そういう緊張感がお互いの間に高まってきます。そしてある時些細なことをきっかけに、また暴力がワーッと出てきます。こういったサイクルを面接を通して振り返ってゆきます。

ただそのハネムーン期の時に見せる加害者の（実際は犯罪者なのですが）、その人間の未熟なところが被害者の母性を刺激してしまって、さきほど述べたように「この男は私がいなければだめなんじゃないか」という気持ちになってしまう可能性はあります。実は、保護施設にいてもそういった感情が高まって家に戻ってしまう女性も少数ではありますが、一定数おられるのは事実です。つまりマインドコントロールから解けきれない方がおられるということです。

第Ⅱ章 DV加害者の特徴

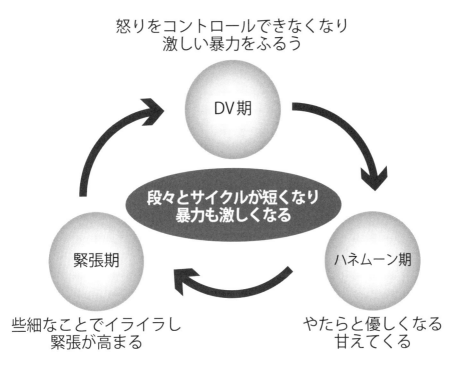

筆者作成

第Ⅲ章

DV被害者の特徴

▰ DV被害者の三つの大きな特徴 ▰

　DVの被害者の特徴の第一が、ご自分がDV被害者であるということの認識が薄いか、あったとしても半信半疑である方が多いということです。保護施設に保護される方は自らDVがあったということを支援者に話をして保護されるわけですから、今DVの只中(ただなか)にある方よりはまだ気づいておられるとも言えますが、それでもやっぱり自分の受けていた行為が本当にDVなんだろうか、という気持ちでおられる方が多いです。それは先ほど述べたように、加害者に洗脳されている、マインドコントロールされているからなのです。これが、大きな傾向として認められます。

　第二が、当然のことながら被害者のみなさんは、身体もそうですが心にも深い傷を負っておられます。何の傷つきもなくて、「被害から逃れてよかったー」と喜んでいる方はいないのです。様々な心的外傷を受けておられます。

　三つ目としては、ほとんどの方たちが財産や人間関係など、すべてを捨てて逃げてくるわけですから、保護された方たちにはすぐに生活の再建という大きな課題がのしかかってきて、同時に様々な感情がわいてきます。それは、被害者である自分がなぜ逃げ続けていて、加害者はなぜのうのうと暮らしていけて

いるのかという当たり前の葛藤です。これらの課題を抱えておられる方たちですから、回復に向けて、経済的にも心理的にも支援が必要になってきます。

PTSD（心的外傷後ストレス障害）とは

さて、被害を受けるということは、もちろん身体の生々しい傷を持ったまま保護される方もおられますが、心に様々な傷を残します。暴力被害などがあってから半年の間に起こす心の症状を急性ストレス障害（ASD）と言います。そこから半年以上が経って、6か月を経過しても様々な症状が起きてくる場合をPTSD（心的外傷後ストレス障害）と言います。ポストトラウマティック、つまり精神的外傷体験後のトラウマということです。診断基準上は、暴力被害を受けてからの期間で分けています。一般的には急性期、つまり最初の暴力被害を受けて、最初の数週間や数か月はそういった症状が出ると予想されるけれども、だんだんと落ち着いてくるのではないかというのがその考え方です。

しかし、実際にはトラウマというのはなかなか治りにくい症状です。PTSDについては診断基準があります（32ページ参照）。PTSDには四つの主要な症状があって、一つが過覚醒、

過剰な覚醒です。過度の緊張や警戒が続く状態です。交感神経が亢進して、安心感やくつろぎを持てなくなります。常に神経が張りつめている状態です。

　二つ目が侵入症状です。これは、再体験症状(フラッシュバック)とも言います。そのDV被害の時の記憶、感覚、その時見たもの、聞こえた音などがよみがえってくることです。

　三つ目が回避症状です。たとえば再体験症状を避けるために、遊園地にいっさい行けなくなった方がおられました。「遊園地に行くと絶叫マシーンがあって、あの叫び声を聞くだけでDVを受けていた時のフラッシュバックをおこすので、遊園地にはもう行けません。行ったとしても、ジェットコースターには乗れません」と言うのです。あとは、いわゆる盛り場に行けなくなった方もおられます。酔っ払いを見るのが嫌で、酔っ払いが大きなだみ声でワーワー叫んでいると、加害者の叫び声とダブってしまうのです。

　この様にいろいろなフラッシュバックがあります。再体験症状、侵入症状をおこしそうな状況を回避するということは、行動が非常に制限されてしまいます。ですから回避症状が現れやすいこと、たとえば離婚裁判において裁判所などでDV体験を話さなければいけない場合は、ご本人は非常につらいわけです。

本来は回避したい、DVのことは思い出したくないけれども話さなければいけないというのはとても苦しい状況です。

　四つ目が否定的な認知です。それは自分に対して、あるいは周囲に対してもネガティブな認識しか持てなくなってしまうことです。ほとんどの方が自分に対して否定的な認知を持っておられます。それは長いこと受けていた暴力に加えたマインドコントロールが影響しています。加害者は被害者に、繰り返し暴力を受けるのは「お前が悪いせいだ」ということを刷り込みます。被害者は「お前は暴力を受けて当然の存在、つまり一段下の人間だ」ということを絶えず刷り込まれているので、そのことが大きく影響していると言えると思います。

PTSD の診断基準　※ ICD-10 より

1　自ら生死に関わる事件に遭遇したり、他人の瀕死の状態や死を目撃した体験、などの破局的ストレス状況に暴露された事実があること
2　自分が「危うく死ぬ、重傷を負うかも知れない」という体験の存在
3　通常では体験し得ないような出来事
4　途中覚醒など神経が高ぶった状態が続く
5　被害当時の記憶が無意識の内に蘇る
6　被害を忘れようとして感情が麻痺する。そのために回避の行動を取る
7　外傷の出来事から1か月後の発症、遅くとも6か月以内の発症
8　脳の器質性精神障害が認められないこと

※ IDC-10 とは
　ICD とは、国際連盟の専門機関の一つである WHO（世界保健機関）が作成する疾患の分類です。正式名称は「疾病及び関連保健問題の国際統計分類（International Statistical Classification of Diseases and Related Health Problems）」といいます。略称である「国際疾病分類」が使用される場合もあります。

第Ⅳ章

DV被害者のための「心理教育」

▣ 「心理教育」の基本 ▣

　実際にDVの被害を受けた方に心理教育をおこなう上で一番の前提となるのは、やはり被害者が暴力のない世界で過ごすということです。現在暴力のある状況の、只中にいる方にいくら心理教育をしても、残念ながらその内容はご本人の心に入ってゆきません。常に暴力がいつ起きてもおかしくないような状況にいたら、教育の効果は限定的でしょう。

　たとえばすぐわきに加害者が控えていて、面接が終わり家に帰ったらまた酷い暴力が待っているような状況では、心理教育の前に被害者をその状況から救出する取り組みが優先されるべきです。そもそも加害者は、医療機関に一緒に来るということはまずありません。来たとしても、ご本人に事実を話させまいとするような、監視する形で来るのかもしれません。骨折で受診した救急外来で、被害者が本当のことを言わないように、口

封じのためについてくるなどです。そうした疑いがある場合は、DVを疑った救急外来のスタッフが、ご本人を家族とは別室に呼んで話をするなどの配慮が必要でしょう。

　私の場合は、すでに暴力のない環境で、保護された状況で話をします。これは心理教育をおこなう上で恵まれた状況だと思いますが、少なくともその方の安全を確保するということが、特にDVの心理教育の基礎なのではないかと思います。

　まずご本人に暴力の被害のない環境に落ち着いてもらうということが心理教育では優先します。その方が暴力被害を最後に受けてから24時間経たない状況や、前日の夜中に保護されたばかり、というような方に心理教育をおこなう場合も稀にあります。だいたいは数日経ってから、ご本人が保護されている施設で面接するのですが、まず「もうあなたはここにいれば暴力被害は受けないので、落ち着いて安心して話をしましょう」ということを話します。

　そのうえで、配偶者や交際相手との状況を伺ってゆきます。はじめには、被害者がどういった家庭環境で育ったかということを大まかに伺います。事前の聴き取りを参考にし、その内容をご本人に確認しながら振り返る作業をします。

　どういった家族のもとに生まれ育ったのか、両親はどういっ

た関係、よかったのか悪かったのかとか、あるいはきょうだいとの関係はどうだったのか、それらを全部伺います。これらは必ず聴かなくてはいけません。なぜかというと、たとえば実は幼い頃に両親が離別して、再婚した義理の父親から性被害を受けていた、という方もいないわけではありませんし、あるいは実の兄からそういう性被害を受けていた、という方もおられるからです。

あなたのせいではない

　そうすると、後述しますが、自分はそういう被害を受けやすい人間なのではないか、つまり自分が加害者をそうさせてしまっているのではないかという誤解を被害者は持ちやすいのです。幼少期に被害があって大人になってまたDVを受けるということは、決して被害者のせいではありません。ただ、状況的に一時的にせよ、そういう性被害や、あるいは様々な身体的暴力などに遭っていると、我慢してしまうというところがありますので、被害が長引くという危険性はあるかもしれません。しかしそれは、「あくまでもあなたのせいではないですよ」という話を私はお伝えします。

　私の場合は被害を受けた方が保護された時には、直前まで、

時には昨日まであったDVについて話を伺うのですが、それも最初の加害者との出会いのところから伺います。この辺りの話をずっとして、ここまで話をすると、多くの方が「ああ、自分は明らかにDVを受けていたな」と、そして「今も心に傷を負っているな」ということに気づきます。なおかつ、「離れて警察に駆け込んだ自分は間違っていなかったのだ」ということにも気づきます。ということは、その話をするまではその安全な保護施設にいたとしても、被害者は自分の考えの中だけでは、まだ自分を責めておられるのです。

「自分がこんなところに来てしまったのは間違いなんじゃないか」、「あの男は私がいなくて苦しんでいるのではないだろうか」、「今すぐ戻って世話をしてあげたほうがいいんじゃないか」、「暴力を受けたのは私のせいなのに」、ということをみなさん考えており、「そうではない」ということに初めて気づく方がとても多いです。ですから、「DVだよ」ということをいろいろな人から言われて勇気を持って逃げたにもかかわらず、逃げただけでは解決していないのです。多くの方がまだまだ苦しんでおられるということを支援者は知っている必要があります。

第Ⅴ章

回復への道

▰ 回復の過程 ▰

　DVの被害者がどのように回復するかを、順に説明してゆきます。当然のことながら、暴力のない安全な空間にいることが、基本中の基本です。どんな小さな暴力であっても、加害者が起こすような暴力の空間にいたら、精神科にかかろうが何をしようが回復はしません。まずは暴力のない毎日、一日一日を積み重ねてゆくということが大切です。

　トラウマというものの回復を身体の切り傷にたとえてみると、外からの力で裂けてしまった組織があるわけですが、そこですでにえぐれてしまったような部分にもう一回肉がもりあがってくるのです。それから健康な肉芽というものが形成されて、そのうちかさぶたが取れて、健康な皮膚が出てきます。それではその傷はもうまったく痛まないかと言えば、傷跡を強く刺激されるとやっぱり他の部分より弱いのです、痛むのです。

　それと同じようなことで、健康なお肉がどんどんどんどんもりあがってきて傷を隠すことはできますが、強く同じような部分を刺激されたら、やっぱり症状は出てしまいます。その程度が重いか軽いかによって精神科に通院する、しないとか、PTSDという診断がつく、つかないという違いはありますが、根本的なところ、DV被害に伴う心の傷も、生涯それを持って

生きてゆくわけです。

▩ 安全な空間で成功体験を積み重ねる ▩

　それではどうしたらいいかというと、まず一つは守ってくれる、身体の傷でいうところの健康なお肉をどんどんつけてゆくことです。それには安全な空間にいて成功体験を積み重ねることがとりわけ重要です。自分が一人の女性として、あるいは母として社会人として、何かうまくやれたという体験を重ねてゆきましょう。それと同時に傷跡を酷く刺激されるようなこと、つまり暴力被害がない生活を続けてゆくことも必要です。その二つが回復への両輪になるでしょう。

　確かにDV被害を受けていた方というのは、否定的な認知が先に立ってしまう傾向があります。そもそも生活のすべてを捨てて逃げてくるわけですから、それこそゼロから、時にはマイナスからのスタートです。身体一つで逃げてきている方も多いので、着る物から何から用意しなければいけない状況になる方もおられますから、社会に向けて再スタートするのには少しハンディがあります。ただし時間は少しかかっても、それは決して不可能ではありません。様々な支援制度がありますし、公的な機関で、あるいは社会福祉法人のような民間ではあるけれど

も公的な機関から様々なバックアップを受けているような社会復帰のための施設があるので、そこで徐々に徐々に再スタートを切ってゆくことができます。

■ 具体的にするべきこと ■

　いくつか、具体的に取らなければいけない行動は、たとえば結婚・入籍している場合は、しっかり離婚しなければなりません。あるいは慰謝料や、生活費の支払いを相手に求めるということは当然主張すべき権利ですが、そういったことも嫌でとにかく離婚だけさせてほしいという方も中にはおられます。しかし加害者がDVの加害を認め、しっかり謝罪させて、謝罪の形として経済的なものを求めるのは当然のことだと思います。

　それには課題があって、まずよい弁護士と出会う必要があります。DV被害者の訴訟、離婚を求める手伝いをしてくれるような経験のある弁護士と契約するのです。これは、支援団体がそういった弁護士をよく知っていますから、紹介してくれることもあります。一般的には加害者は、シラを切るというか自分の加害を認めません。裁判所のようなところにいっても「自分ではなくて相手が悪い」ということを平然と言うような人間もいます。ですから、お一人で闘うというよりは弁護士にしっか

り間に入ってもらうほうがいいでしょう。そして、加害者と決して法廷などで顔を会わせることなくそういった処理を進めてゆくということが大事です。これは思ったよりも少し時間がかかることが多いようです。

　私は法律の専門家ではありませんが、離婚の申し立てをすると、最初は離婚調停で取り扱われます。調停では、調停委員といって夫婦それぞれの話を個別に聞いて調整する役割の人たちが、離婚するとしても円満に解決する方向で斡旋(あっせん)をします。DVの離婚の調停の場合は一般的な離婚の調停と違いますので、DVの調停でうまくいって元のさやに戻りましたという例を私は知りません。やはり経済的なことも含めて被害者を救済してゆくためには、しっかり離婚の手続きをする、あるいは子どもの親権をどうするかとか、面会をどうするかなど、そういったことも決めてゆかなければならないと思います。

▓ 子どもがいる場合 ▓

　加害男性が子どもとの面会権をかなり強硬に主張してくる場合があります。昨今、一般的な離婚の場合は、子どもへの面会（面接交渉権）というのは親権を取れなかった側にも認めるべきであるという考え方が法律の世界では主流のようです。

　しかしこと DV においては、私はそれは賛成しかねます。なぜかというと、子どもが同居して一緒にいる場合は、ほとんど子どもも DV の被害を受けているからです。子ども自体に手を挙げるような場合ももちろんあります。子どもに対して明らかに虐待というような暴力をしている父親も非常に多いのです。それだけではなくて、子どもには手を挙げないかもしれませんが、子どもの見ている前で母親に暴力を振るうこと、子どもにその場面を見せること自体が DV です。それらは児童虐待なので、ほとんどの子どもは深く傷ついています。

　ですから一般の、たとえば性格の不一致による離婚などとは全然わけが違っていて、子どもへのトラウマ、心的外傷の克服のためにも私は面会権というのは原則賛成はしません（しかし子どもが成人になって、よほど自分の意志で父親に会いたいということであれば、善悪の是非もわかり、なおかつ万が一そういう場面に遭遇したら加害者を撃退できるような力がついてか

らであればそれは別でしょう)。こうした形で加害者が被害者にまた取り入ってこようとか、関係を取り持とうとする、また侵入してこようとする企みには、私は断固反対すべきだと思っています。

▓ 一度はつらい作業をのりこえる ▓

　ただ、こういった離婚調停や離婚裁判の何が大変かというと、第Ⅲ章でも述べましたが被害状況を話さなければならないことです。あるいは書面にして出さなければいけません。それは弁護士がかなりサポートしてくれますが、実際被害者にとってはかなりつらい作業なのです。自分がどういう被害を受けていたかということを思い出さないと書けないし、話せないし、話しているうちに本来は回避しているべき体験を思い出すわけですから、フラッシュバックをおこす場合もあります。しかしこれはがんばって、一回はどうしても洗いざらい文章にするなりしないと裁判でちゃんと離婚が勝ち取れません。親権も取れないということになります。それをがんばってゆくと、結婚していた方の場合は離婚できたり、経済的な保障ができたりします(結構加害者もお金がない人だったりいろいろなことがありますが)。

　別に貧困な人がDVをするわけではなくて、中には公務員も

いますし、有名企業の社員も大勢います。そういう人たちもDVをしますので、彼らからはしっかり慰謝料なり生活費、子どもの養育費などを出させるというのは当然のことでしょう。これらを法律家との協力関係でおこなってゆきます。

精神科医にできること

さて、精神科医は何ができるでしょうか？ 精神科によるPTSDの治療とは基本的には心理療法（カウンセリング）です。それに加えて、必要に応じて症状に合わせた薬物療法をおこなう場合があります。薬物療法は、その方がうつ状態であれば抗うつ薬、不安やパニック・フラッシュバックのような症状があれば抗不安薬、過覚醒による不眠があれば睡眠導入剤を処方するというように対症療法的に使用することが多いです。これらの薬（向精神薬と呼びます）が眠気などの副作用が出やすく服

用しづらい方の場合には漢方薬で治療する場合もあります。

　ただいずれの場合も、ご本人がもともと精神科の病気を持っていた場合を除けば、PTSDに伴う症状というのは一定の治療期間はかかったとしても徐々に緩和してきますので、あまり薬に依存しすぎないことをご本人も治療者も心がける必要があります。いずれは服薬を終えていける方がほとんどです。しかしDVを受ける前から統合失調症、躁うつ病などの精神疾患があったという方は、DV被害の治療とは別にそれらの病気の治療が必要になってきます。

医療以外でできること

　医療以外にもいろいろな回復の方法があります。重要なのはやはり自助グループ（セルフヘルプグループ）です。自助グループの始まりとして「AA」というアルコール依存症の方たちのグループがよく知られています。DV被害者のための自助グループも全国的にいくつもあります。全国の自治体でそれらの自助グループを紹介してもらえます。

　その自助グループの特徴は、PTSDなどを持ってDV被害から回復した、あるいは回復しつつあるような方たちが自分たちで運営しているグループであることです。自助グループでは、

基本的にDVを受けている経験がある方でなければわからない様々なことを共感し合えるところがありますので、私は多くの方に、少なくとも一度は参加をすすめています。体験をお互いで分かち合うようなこともあれば、私が本書でお話しするような心理教育をお互いに学び合う、そういう心理教育的なセッションもありますし、それらに参加することによって回復に向けて様々なグループが活動しています。

　自分の気持ちを回復させるのは、心理療法以外にもいろいろあります。フラワーエッセンスもよく知られています。フラワーエッセンスとは、花のエッセンスにより活性化された水のことだそうです。それぞれの花の性質をよく理解して、自分の健康や成長にとって、現在どの問題が一番重要であるかを判断します。それにもとづいて、その問題に関連するエッセンスを選び、それを直接飲んだり、お風呂に入れたりして気持ちを回復させます。

　カラーセラピーといって、色のもつ力を利用する心理療法もあります。好きな色を選んだり、効果的な色彩を生活に取り入れることによって心と身体を回復させます。

　自助グループとつながっていける方というのはかなり回復度は早いと思います。重いPTSDにかかっている方たちには、

私は積極的に自助グループをすすめています。公的な窓口もありますし、インターネットなどで検索すれば多くの情報を得ることができます。プライバシーが守られ、安心して参加できる仕組みがどのグループでも作られています。

自分自身でできること

　さて、そういった自助グループなどの他にも自分自身でできることがいくつかあります。たとえば具体的な行動を変えてみるということがとても大事です。被害を受けた直後の方に生活のことを伺いますと、配偶者のことを「主人」と呼ぶ方が非常に多いのです。「主人はこういう人でした」、「主人にこういうことを言われました」と言いますので、私は決まって「では、彼が主人ということは、あなたは奴隷ですか？　召使ですか？」と伺います。私からするとその男性はとても「主人」と呼べるような人ではなくて、ただの暴力行為の犯罪者です。ですから、「少なくともあなたの口で相手を尊称、相手を敬うような呼び方をするのはやめましょう。名前でもいいし『夫』でもいいし、少なくとも対等な呼び方にしましょう。結果として自分を下に置くような呼び方はやめましょう」ということをお伝えします。

　これらは日本人の謙譲の表現なのですが、それをやってしま

うとまたまた否定的な認知から抜け出せませんので、そういった言葉遣いから変えてみるということも回復につながってゆきます。

あとは離婚する前から旧姓で周りの人にも呼んでもらうという場合もあります。戸籍上はまだ加害者の姓であったとしても、離婚前から元の姓で周りに通してしまうなどです。ただ成育歴で自分の名字にも非常にトラウマがある方がたまにおられますので、どちらの名字もつらいですねという話になることもあり、それを選ぶか否かはケースバイケースです。

▓ 二度と同じ目に遭わないために ▓

さて、私は最初に被害を受ける女性が加害者と出会った時に、つい加害者の口車に乗ってしまう原因の一つとして、気持ちがある意味折れているような時に加害者の毒牙(どくが)にはまってしまう、罠にはまってしまうと述べました。ほとんどの女性はDV被害から逃げてきた時には「もう男なんか」とか、「もう異性との交際なんかあり得ない」と思っておられます。しかし被害から回復してくると同時にその方の人生が始まります。すると、ご本人が好むと好まざるとにかかわらず人との関わりは出てきますし、同性であっても異性であってもその方の気持ちが弱ってい

る時に、悪だくみをして寄ってくる人間がいるのは事実です。

　二度と同じ目に遭わないようにするには、心が折れそうな時、自分が人と接する時に、常に自分で自分を勇気づけることが大事です。もう少し具体的に言いますと、たとえば気持ちが弱っている時は視線は下、うつむきがちだし猫背になって、本当に足元しか見えていない状態です。姿勢で言うとまず背筋(せすじ)を伸ばして視線を上げて、「私に、あるいは私の子どもと私に何かしたら、ただじゃおかない」というオーラを出しておく必要があります。具体的には姿勢や目の配り方が大切です。気持ちが折れている時は周りの人をちゃんと見ていませんし、よからぬ人間というのはよくよく見ればわかるのですが、それに気づくだけの力がないのです。

　ですから背筋を伸ばして目線を上げて、常に自分自身、自分の大事なものを守りましょう。そのうえで交際相手（異性でも

同性でも）を探してゆかないと、ひょっとすると同じような被害が起きてしまうかもしれません。確かに「だめんず・うぉ〜か〜」の方というのは稀におられます。もうつき合う人がみんなDV、というような方です。それはご本人の問題ではないし、別にご本人がそういう人を呼んでいるのでもありません。視線、目線が足元に落ちてしまっていて警戒ができなくなっている状態の時に、そのDVの加害者がつけ入ってくるのです。

「私に何かしたらただじゃおかないから」というオーラを出していたら、ちゃんとした人が近寄ってきます。自分が自分をダメだと思っていますと、ある意味魔物が寄ってくるのではないでしょうか。特に落ち込んでいる時に寄ってくる人間は危険ですから、原則信頼しないほうがいいです。「落ち込んでいる時に寄ってくる人間を信じるといいことはない」ということを私は強調しておきます。

▓ 落ち込んでいる時は ▓

それでは、落ち込んでいる時はどうしたらいいのでしょうか。原則的には、公的な機関以外の人は遠ざけたほうがいいでしょう。区役所の相談員や医療関係者など、そういうオフィシャルな立場の人以外は寄せつけないほうがいいですね。

そしてもう一つは信頼できる女友だちをつくっておくことです。よからぬ異性が寄ってきた時に、その女友だちに一緒に会ってもらうのです。そうすると、まっとうな感性の方でしたら「あの男はオッケー／あいつはヤバいよ」ということがちゃんとわかります。そういう人がいない方は自助グループに行きましょう。信頼できる女友だちを持つということはとても大事です。まず自分に自信が持てるように、自分を守る力を高めるようにするということです。

　心理教育では、だいたいこういう話をします。これらの内容をきちんと理解された被害者の方の回復率は、おそらく非常に高いと思います。あくまでも印象ですが、途中で施設から抜けて男性のもとに戻ってしまったような方を除けば、かなりの方は少なくともトラウマからは回復しているのではないでしょうか。もちろん私だけの力ではありません。公的な機関が、あるいは生活保護の制度など、そういったサポートがあってこそのことです。

回復後の生活

　複雑な転帰をたどりますが、これらDV被害と加害の仕組みを理解して、それでも男性のもとに戻ってしまっているという

方は、非常に少数でしょう。再びDVの被害を受けているという方は大変少なく、フルタイムで就労しておられる方、子育てをがんばっている方もおられます。ただトラウマが少し長引いてしまって、精神障害者保健福祉手帳を取ってそのサポートを使っているという方も一部おられます。もともと軽度の知的障害を持っているような方がDV被害に遭うこともあります。言葉によるカウンセリングだけでは難しい場合もあるので、そういった場合は障害者手帳を取ってグループホームで生活する、福祉的就労を試みるなどして元気に暮らしてゆくことができます。

　しっかりした心理教育を受け、必要に応じて福祉的サポートを得ると、多くの方が回復すると思います。しかし私は関わっている保護施設に逃れてきた方だけを対象にしていますから、今現在、今日この時間も家で暴力を受けながら誰にも相談できないでいる方に心理教育をすることはできません。安全な暴力

のない環境のもとでご本人に過ごしていただくことが何より重要です。

▰ 機関につながらない方は ▰

　そういう機関につながらない方に対してはいっそうの啓蒙活動が必要だと思います。多くの方が、「自分が保護されるまではDVに関するニュースを見ても自分のことだと思わなかった」と言います。「あれ（ニュース）は、悪い男がやってるんだ。私は私が悪いから殴られてるんだ。私はDVじゃないと思っていた」と言う方もおられました。すごい洗脳だなと思います。しかし、多くの方は友人たちから「あなたそれDVだから逃げなよ」と何回か言われてやっと逃げてきます。

　保護される方はみなさんいろいろな経過をたどります。何かしらつながるきっかけというのは、たとえば明らかに身体の暴力を受けていたり、あるいは経済的な困難で、ダブルワークして家にお金を持って帰っても全部そのDV夫が使ってしまうとか、いろいろなことに耐えかねて、このままいると殺されるかもしれない、あるいは自分が反撃してやむにやまれず相手を殺してしまうかもしれないということで逃れる場合も多いです。警察あるいは自治体にはDVの相談窓口が必ずあります。まず

はそういうところで一度は話をしてみるといいと思います（59ページの「DV相談ナビ」参照）。

▬ 全国の相談員の方へ ▬

　私は同じような心理教育を全国の女性相談員ができるようになってほしいと思っています。全国の女性相談をしている方たちにも被害を受けているご本人にも知っていただきたいと思います。各自治体にある女性相談窓口が、DV被害相談の最初の窓口となっています。

　また今後加害者更生プログラムが始まれば、まったく状況は変わってくるかもしれません。

　日本のDV防止法（配偶者暴力防止法）は、加害者を処罰するのではなく被害者の保護を主たる目的としています。加害者は被害者の告訴等がなければ逮捕されることは稀です。そのため、保護されている被害者が行動制限を受け、加害者が堂々と街を歩いているという皮肉な状況が今日も続いています。

　原宿カウンセリングセンターの信田さよ子氏によると、欧米諸国や韓国・台湾においてはダイバージョン制度（DV加害者更生プログラムに参加するか、それとも刑事罰かを加害者本人が選ぶことができる、加害者更生プログラムへの参加は強制さ

れており、週一回のプログラム参加を拒否したり、さぼったりすればすぐさま裁判所に戻され、刑事罰が課される）が一般的になっています。北米などでは、1980年代以降、DVや虐待の加害者を被害者の告訴がなくても逮捕できるようになりました。日本もそうした政策を用いるようになれば、多くの加害者更生プログラムが効果を上げる可能性があるでしょう（信田さよ子、心理臨床の広場 Vol.1 No.2 より）。

DV被害者に最初に接した者の役割

　私は、加害者男性のマインドコントロールの手口というものを一つ一つ解き明かすことが、心理教育として非常に有効であるということを感じています。「あなたが受けているマインドコントロールは、あなたがこういう状況の時にこういうふうに近づいてきて、巧妙に退路を断って密室を作って始められます。そのあと必ずマインドコントロールのための『お前が悪い』というのが出てくるということが共通しています」という話をして、まず加害者の共通するからくりを見抜くと、被害者が立ち上がれるのです。「あぁ、私のせいじゃなかったんだ」と思えるようになります。被害者は、「あなたが受けているのはDVだから逃げなきゃいけない」と言われても「はい、そうですか」

とはなかなか言えません。それは、マインドコントロールが解けきれていないからです。それを解くことが最初に接した者の仕事であると考えています。

参考文献
＊ジュディス・L．ハーマン「心的外傷と回復〈増補版〉」みすず書房、1999年
＊NPO法人レジリエンス「傷ついたあなたへ―わたしがわたしを大切にするということ DVトラウマからの回復ワークブック」梨の木舎、2005年
＊宮地尚子編著「医療現場におけるDV被害者への対応ハンドブック」明石書店、2008年
＊宮地尚子「トラウマ」岩波書店、2013年

> ## DV被害者のための相談機関案内サービス
> ## （DV相談ナビ）
>
>
>
> ### 0570-0-55210（自動音声）
> <ruby>0570-0-55210<rt>ここにでんわ</rt></ruby>
>
> 発信地等の情報から最寄りの相談機関の窓口に電話が自動転送されます。着信拠点は各都道府県指定の中核的な相談機関（1か所）で合計47拠点です。
>
> （内閣府男女共同参画局 HP より）

あとがき

　2018年になり、女性たちが過去の性被害を告発する「Me　Too」という運動が世界各地で活発になっています。これも、DVからの心理的な回復を目指す取り組みの一つであると思います。加害者として名指しされている男性たちは、社会的地位を利用して被害者に口止めを要求しており、本書で触れたDV加害者の振りかざす傲慢で自分勝手な論理と共通しています。家庭内で起こる場合はDVですが、同じことが政治の分野で起きれば独裁、ということになるでしょう。社会に生きるすべての人にとって、DV加害者の思考メカニズムを知っておくのは意味あることだと考えます。

　精神科医師として、DVの実態に触れたことは激しい衝撃であると同時に大きな学びにもなりました。支援の場面で生々しい事実を語ってくださった多くの被害女性のみなさんに、こころからのお礼と応援の気持ちを伝えたいと思います。

　本書の出版は、萌文社の安納正世さんの手助けなしには成し遂げられないものでした。日常業務に追われる筆者を

辛抱強く励まし、支援してくださったことに感謝を申し上げます。

2018年3月、雪柳の花に春の訪れを感じながら

野末浩之

【著者紹介】
野末浩之（のずえ　ひろゆき）
精神科医。
日常の精神科臨床に加えて、女性保護施設の嘱託医師として被害女性の相談・カウンセリングに長く関わっている。

DV被害の回復にむけて　〜精神科医からのメッセージ〜

2018年5月25日　初版第1刷

著　者　野末浩之
発行者　谷　安正

発行所　萌文社（ほうぶんしゃ）
　　〒102-0071　東京都千代田区富士見1‐2‐32‐202
　　TEL 03‐3221‐9008　FAX 03‐3221‐1038
　　郵便振替　00190-9-90471
　　E-mail info@hobunsya.com　URL http://www.hobunsya.com

印刷・製本／倉敷印刷　　装幀・イラスト／安納正世

©Hiroyuki Nozue. 2018. Printed in Japan
ISBN978-4-89491-356-1 C3036